Bibliografische Information der Deutschen Nationalbibliothek: Die Deutsche Nationalbibliothek verzeichnet diese Publikation in der Deutschen Nationalbibliografie; detaillierte bibliografische Daten sind im Internet über www.dnb.de abrufbar.

© 2014 Valentin Wegner
Herstellung und Verlag:
BoD – Books on Demand, Norderstedt

ISNB: 9783735778857

Mein Beitrag zum Untergang der DDR

Ein Enthüllungsbuch

Nun gibt es mein Heimatland schon seit einem Vierteljahrhundert nicht mehr. Ob das nun gut ist oder nicht, darüber herrschen heute noch unterschiedliche Meinungen. Jedenfalls muss ich Rückblickend feststellen, dass auch mein Verhalten zum wirtschaftlichen Ende der Deutschen Demokratischen Republik beigetragen hat. Davon möchte ich Ihnen, liebe Leser, in diesem Büchlein berichten. Natürlich verwende ich ein Pseudonym, denn einige Tatsachen sind vielleicht noch nicht verjährt. Nicht, dass hier ein großer Verbrecher seine Taten aufgeschrieben hat, nein es ist vielmehr so, dass ich die damals gegebenen Umstände zum persönlichen Vorteil ausgenutzt hatte und davon erzählen will.

Außerdem hatte der Vorsitzende des Staatsrates der Deutschen Demokratischen Republik und Generalsekretär des Zentralkomitees der Sozialistischen Einheitspartei Deutschlands – das wollte ich mal ausgeschrieben haben - Genosse Erich Honecker im Jahre 1981 auf einem SED-Parteitag gesagt: "Aus unseren Betrieben ist noch viel mehr rauszuholen!" – Ich habe es gemacht.

Und viele Andere auch, so hat eine große Gemeinschaft das Ende des real existierenden Sozialismus auf deutschem Boden mit zu Verantworten.

Viel Spaß beim Lesen!

DDR + BRD = Deutschland

Vielleicht ist es hilfreich, wenn ich zu Beginn mal was zu den früheren gesellschaftlichen Gegebenheiten erzähle. So als Hintergrund für die bis etwa 30jährigen Leser. Übrigens sind mit dem Begriff „Leser" natürlich auch die Leserinnen" gemeint, dieser Hinweis ist heutzutage besonders wichtig, von wegen Diskriminierung, und so. Also, das heutige Deutschland bestand früher mal aus zwei Ländern, eines hieß Bundesrepublik Deutschland (BRD) und das andere Deutsche Demokratische Republik (DDR). Das hatte sich durch einen Weltkrieg so ergeben, denn noch früher gab es schon mal ein Deutschland, aus dem diese zwei Länder entstanden waren. Auf Grund der geografischen Lage, wurde die BRD auch Westdeutschland genannt, und die DDR Ostdeutschland. Weiteres dazu solle man im Geschichtsunterricht gehört haben.
Übrigens gab es einen regen Paketversand zwischen Ost und West, sicherlich vergleichbar mit dem heutigen Onlinehandel. Aus der BRD wurde viel Seife

und Kaffee, aber auch alte Klamotten, die heute im Kleidercontainer verschwinden, in den Osten geschickt. Die Ostleute schickten dann oft Dresdner Christstollen als Dank für die Gaben in den Westen.

Eines hatten beide deutsche Länder gemeinsam: der Nachwuchs ging mit dem Sandmännchen ins Bett. Allerdings war der Westsandmann ein knochiger alter Kerl, der immer nur mit einem Wölkchen angeflogen kam, während die Ostkinder mit einem fröhlichen kleinen Männchen ins Bett geschickt wurden. Eine Stärke des Ostsandmanns war beispielsweise seine Vielfalt an Verkehrsmitteln. Er kam mit einer Seilbahn, einem Traktor, einer Kutsche oder auch zu Fuß zu den Kindern. Auch fliegen, wie sein Westkollege, konnte er, dann kam er mit einer Rakete um seine Gutenachtgeschichten zu erzählen. Und diese Ideenvielfalt hat ihm sein Überleben im heutigen Deutschland gesichert. Das langweilige Wolkenmännchen wurde von den Medienleuten längst in Rente geschickt.

Ich bin froh, mit dem Ostsandmännchen aufgewachsen zu sein. Das hat sicherlich meiner Phantasie gut getan und ich konnte dies im weiteren Leben ausgiebig nutzen.

Gut, dass nun auch die Westkinder von dem Ostsandmännchen ins Bett gebracht werden, und so fürs Leben geschult werden. Westkinder soll man ja eigentlich nicht mehr sagen, es sind alles deutsche Kinder, aber mindestens bis zum natürlichen Abtritt meiner Generation wird es wohl so bleiben.

Als Handwerker in einer
Plattenbausiedlung

Früher hieß das ja noch Neubaugebiet, alle Wohnungen waren gleich ausgestattet und wurden technisch von der Kommunalen Wohnungsverwaltung oder der Gebäudewirtschaft betreut. In solch einem Betrieb wurde ich zum Handwerker ausgebildet. Schon während der Lehrzeit lernte ich die Vorzüge des Sozialismus kennen. Zur Berufsschule am anderen Ende der großen Stadt fuhr ich mit einem Moped SR2. Dieses Vehikel, ich hatte es übrigens für die Lehrzeit beim Pastor ausgeliehen, war recht robust, eigentlich unkaputtbar und nicht anspruchsvoll beim Kraftstoff. Als „armer" Lehrling erkannte ich sofort das Einsparpotenzial, der Tank wurde zur Hälfte mit betriebseigenem Waschbenzin gefüllt und dann mit einem fetterem Gemisch (Zweitaktfahrer wissen was gemeint ist) an der Tankstelle aufgefüllt.

Da fällt mir gerade mein Klassenkamerad ein, der ja nun auch Lehrling war. Er machte seine Berufsausbildung bei der

Deutschen Reichsbahn. Durch ihn lernten wir jungen Leute unser Land besser kennen. Er hatte einen Kartenblock für Gruppenfahrkarten besorgt und so reisten wir, neben dem damals üblichen Trampen, auch mal als Gruppe am Wochenende nach Berlin oder auch zum Wintervergnügen in den Thüringer Wald.

Doch nun wieder zum Handwerksbetrieb. Nach der morgendlichen Aufgabenverteilung durch den Meister, dem Material zusammensuchen und einem ausgiebigen Frühstück in der, in den meisten Betrieben vorhandenen Kantine, machten sich die Elektriker, Heizungsmonteure, Gasmonteure oder Klempner mit ihrer großen Werkzeugtasche mit dem Fahrrad oder Moped auf den Weg zu den Mietern. Heute würde man Kunden sagen, und diese bekämen auch eine Rechnung. Damals waren Reparaturen jedoch mit der Miete abgegolten. Größere Dinge, wie Waschbecken, Kloschüsseln oder Badewannen brachte ein Fahrdienst zum Arbeitsort. Dazu wurden oft sogar Elektrofahrzeuge genutzt. Neben den normalen Reparaturen, auf die die Leute meist mehrere Wochen warten mussten, wurden einige Geräte regelmäßig überprüft. Dazu zählten vor allem die Gasgeräte. Je nach Modell sollten diese alle zwei oder drei Jahre kontrolliert werden. Diese sogenannte PVI (Planmäßig vorbeugende Instandhaltung) war bei den Handwerkern sehr beliebt. Denn, die in einem Normkatalog aufgeführten durchzuführenden Arbeiten wurden oft nicht ausgeführt. Zwar wurde die Verkleidung geöffnet und eine Sichtkontrolle durchgeführt, aber wenn die Mieter nichts zu beanstanden hatten, kam der Deckel gleich wieder drauf. Die so gewonnene Zeit wusste man als Handwerker sinnvoll zu nutzen. Manchmal hatte man noch einige Privataufträge die ordentlich Geld brachten. Übrigens war das keine Schwarzarbeit. Der Staat gewährte all seinen Bürgern eine bestimmte Geldmenge als Gehalt oder Lohn. Und was das Volk damit machte war eigentlich egal, die Geldmenge im Land blieb ja gleich.

Einige radelten auch nach Hause, um die zu dieser Zeit üblichen Wiederholungen der Filme des Fernsehabendprogramms zu schauen. Am Abend ist man lieber mit Kollegen oder Freunden ein, oder auch mehrere Biere trinken gegangen, um dem Sinn des oft üppig erhaltenen Trinkgeldes gerecht zu werden.

Noch vor der offiziell 1980 eingeführten Sommerzeit hatten einige Handwerker schon eine eigene Sommerzeit. Dies gefiel auch den Mietern, denn sie brauchten für den Handwerker nicht extra einen Tag Urlaub zu nehmen, weil dieser schon um 6 Uhr klingelte. Und der Handwerker konnte schon um 15 Uhr Feierabend machen. Das war eine Win-Win-Situation für beide Seiten.

Es gab auch gut bezahlten Bereitschaftsdienst, um beispielsweise der Feuerwehr im Einsatzfall den Zugang zu den im Stadtgebiet verlegten unterirdischen Versorgungsleitungen zu ermöglichen. Wer Bereitschaft hatte, trank meist weniger Bier.

Insgesamt waren Handwerker in der DDR angesehene Leute, die oft ein einfacheres Leben hatten, als beispielsweise Fließbandarbeiter. Zum Beispiel möchte ich von den Sanierungsarbeiten an den Wasserleitungen im Block 10 in Halle-Neustadt, dem mit 385 Metern Länge größten je in der DDR gebauten Wohnhaus, berichten. Nach der Fertigstellung des 10-geschossigen Hauses 1966 wohnten hier in 900 Wohnungen gleichzeitig bis zu 2 500 Menschen. So etwa 1978 zeigte sich, dass statt der immer häufiger werdenden Reparaturen an den Wasserleitungen, nun eine generelle Erneuerung nötig war. Es wurde eine Reparaturbrigade aus Klempnern, Elektrikern und Schweißern zusammen gestellt. Ich war als Gasmonteur dabei. Die Versorgungsleitungen verliefen in einem Schacht im Badezimmer von unten nach oben durch alle Etagen. Zeitlich waren zweieinhalb Tage je Aufgang vorgegeben. Meine Aufgabe war es, morgens die recht sperrigen Gaszähler auszubauen, damit die Kollegen sich der Wasserleitung widmen konnten. Abends erfolgte der Einbau der Gaszähler, damit die Leute kochen konnten. Am Tag eins jedes Aufganges wurden die alten verzinkten Stahlrohre ausgebaut und im Schacht wurden Halterungsschellen für die neuen Plasteleitungen angeschweißt. Übrigens ist Plaste der korrekte Begriff, das heute oft dafür fälschlicherweise verwendete Wort Plastik bezeichnet im Kunstbereich eine Skulptur. Am zweiten Tag wurde die neue Plasteleitung eingebaut, dank einer besonderen Technik mit Muffen und Rollringen brauchte diese nur zusammengesteckt werden, die vorbereiteten Schellen stabilisierten das Ganze. Die Zuleitungen zu den Wasserhähnen in Küche und Bad der einzelnen Wohnungen wurde mittels einer sogenannten Spinne bewerkstelligt. Das waren vorgefertigte Rohrsysteme aus biegsamer Plaste, mit den dazugehörenden Gewindeanschlüssen für die einzelnen Wasserhähne in Küche und Bad und den Spülkasten. Der dritte Tag war für abschließende Arbeiten und das Anbringen der Schachtverkleidung gedacht. Schon bald zeichnete sich ab, dass die Arbeit je Haushälfte auch in zwei Tagen zu schaffen war, ohne Überstunden oder Überanstrengung. Die Mieter freuten sich, hatten sie doch nur zwei Tage Dreck und sparten einen Anwesenheitstag. Und wir Handwerker nutzten den nun arbeitsfrei gewordenen Freitag zur Vorbereitung unserer Feierabendtätigkeiten oder verbrachten die Zeit mit Karten spielen.

Erlebnisse als „Mann vom Gaswerk"

Die meisten der in DDR-Haushalten verwendeten Gaszähler hatten zwei Anschlüsse und erfüllten ihre Aufgabe recht zuverlässig. Sie zählten die verbrauchten Kubikmeter, einmal im Jahr kam der „Gasmann" zum ablesen. Natürlich war Gas günstig, aber auch hier gab es Einsparmöglichkeiten. Wenn der Zähler falschherum eingebaut wurde, zählte er nicht, ließ aber weiterhin Gas durch. Bloß rechtzeitig vor dem Besuch des Gasmanns musste er wieder ordnungsgemäß angeschlossen werden.
Trotz ihrer Zuverlässigkeit, mussten manchmal Zähler ausgetauscht werden. Deshalb waren in der Werkstatt immer einige neue vorrätig. Wenn die knapp wurden und eine neue Lieferung ankam, meldete ich mich freiwillig um diese ins Lager zubringen. Allerdings nicht aus reinem Arbeitseifer. Die beiden Zähleranschlüsse wurden beim Transport durch kleine Metallscheiben vor hereinfallenden Schmutz geschützt. Kurioserweise entsprachen diese Scheiben in Durchmesser und Gewicht den 5-Mark-

Stücken und waren deshalb sehr begehrt. Zwar gab es wenig Automaten für den Einsatz von Münzgeld, aber bei den Fahrkartenautomaten der Berliner S-Bahn funktionierte dieses Ersatzgeld ganz gut.

Gas wird ja bekanntlich durch Rohre transportiert, meist unterirdisch. Doch es gab auch überirdische Hochdruckleitungen die durch Wiesen, Wälder und an Feldern vorbei führten. Eine Zeit lang arbeitete ich in einer Brigade, die sich um die Werterhaltung dieser Leitungen kümmerte. Neben regelmäßigen Kontrollfahrten durch die schöne Landschaft, mussten einige Leitungsabschnitte auch mal entrostet und neu angestrichen werden. Da hieß es eigentlich, den Rost mit der Drahtbürste entfernen, vorstreichen und dann Lackfarbe. Doch als gelernte DDR-Bürger vereinfachten wir uns diese Arbeit, es wurde einfach Vorstreich- und Lackfarbe zusammengemischt und die Leitung einmal angepinselt. Ruck zuck hatten alle Kollegen dadurch etwas Freizeit gewonnen.

Solch eine DDR-typische Arbeitsmoral, die aus heutiger Sicht dem Land natürlich schadete, war weit verbreitet. Es kam sogar dazu, dass die Betriebszeitung der großen Leuna-Werke in einigen Ausgaben Fotos entdeckter Faulenzer, beispielsweise beim Sonnenbad auf einer Fabrikhalle oder beim Kartenspiel während der Arbeitszeit, abbildeten.

In den 80iger Jahren wurden die Gasgeräte in der Hauptstadt der DDR von Stadtgas auf sowjetisches Erdgas umgestellt. Straßenweise zogen Bautrupps durch die Stadt, um Leitungen zu prüfen und Geräte durch einige fachliche Handgriffe für das besser heizende Erdgas umzustellen. Oft mussten aber gerade ältere Gasherde ausgetauscht werden, da sie sich nicht umstellen ließen. Das war wieder ein gefundenes Fressen für die Handwerker. Die Geräte sollten durch gleichwertige ersetzt werden, doch viele Leute wollten lieber etwas Komfortableres. Und bald hatte es sich herumgesprochen, dass eine Brennstelle mehr 50 Mark kostet. Auch diese Geschäftsidee sorgte, sehr zur Freude der

Handwerker, für eine Umverteilung des Geldvermögens im Lande. Und Ostberlin war groß! Rund 200 Fachleute aus der ganzen Republik waren im Rahmen der FDJ-Initiative an der mehrjährigen Aktion beteiligt. Das bedeutete, sie hausten als Montagearbeiter in Arbeiterwohnheimen. Und am Wochenende ging es mit der Reichsbahn und einer billigen Arbeiterrückfahrkarte nach Hause. Schnell war vielen klar, dass man auch hier die individuelle Freizeit vergrößern könnte. Warum sollte man nicht schon am Donnerstag nachhause fahren? Das fanden alle Kollegen gut, und so reiste jeweils die halbe Brigade im wöchentlichen Wechsel ins eigenmächtig verlängerte Wochenende.

Pausenversorgung für das werktätige Volk war ein wichtiger Punkt im Arbeitsalltag. So kam zur Frühstückszeit immer die rollende Kantine mit lecker belegten Brötchen zu den einzelnen Bautrupps. Auch für eine warme Mittagsmahlzeit wurde natürlich gesorgt. Dazu war mit einigen Gaststätten in den jeweiligen Ortsteilen eine Essenmarkenregelung vereinbart. Aus dem meist doch etwas eingeschränktem Angebot der Speisekarten konnte frei gewählt werden und bezahlt wurde mit Essenmarken. Und da kam schon wieder der persönliche Vorteil ins Spiel, denn diese Essenwertgutscheine kosteten uns Handwerkern 70 Pfennig und sie hatten im Lokal einem Wert von 3 Mark. Soweit eigentlich ganz normal, wenn da nicht die Möglichkeit bestanden hätte, fast unendlich viele Marken kaufen zu können. So war auch die tägliche Packung Zigaretten, das Abendbrot und das Feierabendbier zu sehr günstigen Konditionen gesichert.

Besonders schön, in mehrfacher Hinsicht, war auch ein halbjähriger Arbeitseinsatz in einem großen Klinikum am Rande Berlins. Es galt, sämtliche Gasleitungen auf dem weiträumigen Gelände aus Undichtheiten zu prüfen. Ausgestattet mit einem Generalschlüssel zogen wir durch alle Abteilungen und Kellerräume, ich als messgerätbedienender Handwerker und eine junge Ingenieurin als Protokollführerin. So lernten wir die Klinik und uns kennen. Teilweise waren die Keller und unterirdischen Verbindungsgänge der altehrwürdigen denkmalgeschützten Bauten doch recht staubig, und deshalb hatten wir bereits nach einigen Tagen beschlossen, etwas kürzer zu treten. Natürlich nur aus gesundheitlichen Gründen. Wir führten für uns eine Arbeitszeit von 10 bis 14 Uhr ein. Kontrollen brauchten wir in der damaligen handylosen Zeit auf dem riesigen Gelände nicht zu fürchten. Notwendig und richtig war unsere Überprüfung auf jeden Fall, denn wir hatten auch einige Schadstellen gefunden. Was neben der zeit– und kräfteschonenden Arbeit noch schön war, erzähle ich jetzt nicht, denn das hatte ja nichts mit der DDR zu tun.

Da ja nun in Berlin Erdgas verfügbar war, hatte das Politbüro auf einer Sitzung im Jahre 1984 die Einführung und Erprobung des Erdgaseinsatzes in Nutzkraftwagen in der DDR beschlossen und gleichzeitig Entscheidungsvorschläge zur Lieferung kompletter Erdgastankstellen durch die DDR an die UdSSR erarbeitet.

Dazu wurde in Berlin Marzahn auf freiem Feld eine Vorzeige-Erdgastankstelle errichtet. Mit heutigen Erdgastankstellen ist diese Anlage nicht zu vergleichen. In einer großen Halle wurde das Gas über mehrere Stufen verdichtet und dann zu speziellen Zapfsäulen geleitet. Die Befüllung der Gasflaschen in den Fahrzeugen übernahmen spezielle Fachkräfte. Rund um die Uhr waren jeweils 1 Elektriker, 1 Maschinist, 2 Tankwarte und 1 Schichtleiter für den Betrieb der Tankstelle zuständig. Als Fahrzeuge waren einige LKWs und ein Traktor mit Gasflaschen ausgerüstet worden und diese sollten regelmäßig zu Testzwecken betankt werden. Es stellte sich jedoch heraus, dass die fahrzeugseitige Technik nicht so richtig funktionierte. Im Durchschnitt kam nur ein Fahrzeug pro Woche tanken. In der Zwischenzeit wurde an den anderen „rumgebastelt". Obwohl das über einige Jahre keine Erfolge brachte, hatten die Kollegen auf der Tankstelle keine lange Weile. Es gab einen Fernseher, ja mit Westfernsehen, und wenn doch nichts Vernünftiges lief wurden Karten gespielt. Auch die Anfänge der Heimcomputer haben wir dort erlebt. Jemand hatte im Intershop einen Atari 800 besorgt, sogar mit der damals üblichen Datasette. Ein Problem war allerdings die benachbarte Kontrollwarte mit ihren vielen elektrischen Anzeigetafeln. Denn wenn die dortige Technik einen Schaltvorgang auslöste, kam es zu einem „knacken" im Stromnetz. Dieses ergab einen Lesefehler beim Atari und der manchmal halbstündige Lesevorgang für ein Spiel von der Datasette musste neu gestartet werden, aber die Kollegen auf der Erdgastankstelle hatten ja Zeit. Bemerkenswert ist in diesem Zusammenhang auch, dass es offiziell genehmigte Westzeitschriften in der DDR gab. Im Westen konnte jemand ein Abonnement für eine Ostadresse abschließen, so hatten wir monatlich eine Computerzeitung zur Verfügung. Allerdings wurde der große Briefumschlag jedes Mal vom Zoll kontrolliert, wie ein Stempel verriet. Neben den neusten fachlichen Themen, waren die als seitenlange Listen in der Programmiersprache Basic abgedruckten Spiele und Anwendungsprogramme interessant. Im

Wechsel wurde vorgelesen und getippt. Nach einer meist aufwändigen Tippfehlersuche freuten wir uns, wieder was Neues zu haben.

An einem weiteren Zeitvertreib nahmen die Kollegen aller Schichten teil, dieser brachte sogar Geld ein, konnte aber nur vom Frühjahr bis zum Herbst betrieben werden: Wir betätigten uns als Blumenzüchter und das brachte, zusätzlich zum sowieso schon hohem Schichtarbeiterlohn, ordentlich Geld. Auch Blumen waren in der DDR Mangelware. Die Erdgastankstelle hatte ringsum einen eingezäunten 200 Meter breiten Sicherheitsstreifen, wegen der hohen Drücke in der Anlage. So kam es zu der Blumenidee. Es wurde Kontakt zu einer gärtnerischen Produktionsgenossenschaft aufgenommen, die lieferten Mutterboden und Setzlinge. Gemeinsam wurden im hinteren Bereich des Tankstellengeländes auf einer Länge von 200 Metern 1 Meter breite und 50 Meter lange Beete angelegt und die kleinen Blumen eingepflanzt. Nun hatte jede Schicht auch mal was zu tun. Die Erde musste gelockert und das Unkraut gezupft werden, so kam jeder mal vom vollgequalmten Aufenthaltsraum mal raus an die frische Luft. Ein Problem war manchmal die Trockenheit, denn dann war den Kleingärtnern im gesamten Land das Bewässern mit dem Schlauch untersagt, um Trinkwasser zu sparen. Aber auch dafür fand sich eine Lösung. Für eine Brandschutzübung wurden bei der Betriebsfeuerwehr Schläuche beantragt, doch dadurch gab es ein weiteres Problem, die Nachtschicht konnte nicht ausschlafen. Denn mit beginnender Dämmerung hieß es aufstehen und Blumen gießen, so früh im fast Dunkeln damit keiner was sieht. Als die mehrwöchige Erntezeit begann, wurden die Blumen morgens abgeschnitten, in Pappkartons verpackt und abgeholt. Abgerechnet wurde nach Blüten und Blumenlänge und wöchentlich ausgezahlt.

Das Politbüro hatte mit dieser Musteranlage ja an die Lieferung kompletter Erdgastankstellen an die UdSSR gedacht. Deshalb gab es etwa zweimal im Jahr einen „Großkampftag". Dies bedeutete vollen Einsatz für die jeweilige Schicht, es kamen hochrangige Genossen mit sowjetischen Delegationen zur Besichtigung. Pünktlich bei deren Eintreffen rollten auch alle verfügbaren Erdgasfahrzeuge zur Tankstelle, es gab manchmal sogar kurze Warteschlangen. Alle Kollegen wuselten in ihrem Bereich umher und wirkten sehr beschäftigt. Das sich die Fahrzeuge nach einer kleinen Tour um die Häuserblocks mehrmals anstellten ist nicht aufgefallen, die sahen ja sowieso alle gleich aus. Auch das einige Laster mit Diesel anstatt Erdgas gefahren sind, wurde nicht bemerkt. Ja, wenn es drauf ankam konnten wir alle gut Schauspielern.

Ob jemals eine Anlage in die Sowjetunion verkauft wurde, ist mir nicht bekannt.

Warum ich einmal eine DDR-Fahne verbrannt habe

Überall im Lande waren Honeckerbilder und DDR-Fahnen präsent, manch überzeugte Genossen hatten so etwas sogar zuhause. Na jedenfalls wurden die Fahnen zu Gedenk- und Feiertagen öffentlich aufgehängt. Wenn die aber oft im Einsatz sind und ständig Wind und Wetter ausgesetzt werden, verblassen sie und reißen manchmal ein. Doch solch ein wichtiges Ding wie die Staatsfahne kann man ja nicht einfach im Müll entsorgen, das könnte einem ja als politische Meinungsäußerung ausgelegt werden. Und davor hatte mal einer meiner Chefs Angst. Was also tun? Die Fahne verblasst weiternutzen, könnte ja auch falsch verstanden werden. Wahrscheinlich gab es von höherer Stelle Anweisungen, wie in solch einem Fall zu verfahren ist. In unserer kleinen Arbeitsgruppe war davon aber nichts bekannt und die Fahne war nicht mehr einsatzfähig und musste weg. So wurde an zerschneiden gedacht, mit den Farben würde das ja klappen, aber das Symbol wäre wohl im Müll weiterhin erkennbar. Schließlich wurde ich auserkoren, das gute Stück zu verbrennen. Nun bekam ich aber Schiss, denn sollte das zufällig jemand sehen, könnte der mich ja als Staatsfeind Nr. 1 anschwärzen. Nach einigem hin und her erstellten wir einen schriftlichen Arbeitsauftrag „zur Beseitigung eines nicht mehr verwendbaren Schmuckelements für Feierlichkeiten der Deutschen Demokratischen Republik". Der Chef unterschrieb und ich tränkte die Fahne mit Waschbenzin und zündete sie an. Keiner der drumherum stehenden Kollegen spendete Beifall, jedoch war die, wie auch immer geartete Anteilnahme, in ihren Gesichtern zu sehen. Als die Fahne nun nicht mehr erkennbar war und sich in ein kleines Häufchen Asche verwandelt hatte, legte der Chef auch seine Arbeitsanweisung in die Glut. Damit war das Problem nun problemlos gelöst.

Das war zu Zeiten, als die DDR-Fahnen meist noch aus Baumwolle bestanden, durch späteren Chemiefasereinsatz wurden sie wesentlich haltbarer.

Vom Elke-Schnaps

Die Wohngemeinschaft in meinem Hochhaus eines Neubaugebiets war recht gut, mit den meisten Leuten aus den 28 Wohnungen gab es nette Kontakte, man grüßte höflich und nahm sich oft auch Zeit für ein Gespräch. Älteren wurde beim hochschleppen der Einkäufe geholfen, wenn der Fahrstuhl mal wieder nicht ging oder man schimpfte gemeinsam über den verdreckten Müllschlucker. Manches wurde auch offiziell bei den regelmäßig stattgefundenen Hausgemeinschaftsversammlungen besprochen. Dafür war im Keller sogar ein eigener großer Raum vorhanden, der auch für private Feiern genutzt werden konnte. Bei Feierlichkeiten aller Art wurde viel Alkohol getrunken. Glücklicherweise gab es in unserem Haus die Elke. Sie wohnte im 9. Stock und arbeitete in einem Forschungslabor. Und wie es der Zufall so wollte, wurde dort viel mit medizinischem Alkohol gearbeitet. Die hatten im Labor sogar so viel von diesem absolut reinem Stoff, das Elke was mit nachhause nehmen konnte.

Und dies wiederum erfreute die Nachbarschaft. Ein kleiner Schwapp davon ins Colaglas und schon hatte man einen sehr günstigen Drink. Auch mit Sirup und Wasser schmeckte der Elke-Schnaps gut und erzielte seine Wirkung.

Die Bäckerin

In so einem Hochhaus wohnen ja die unterschiedlichsten Menschen zusammen, im Laufe der Zeit lernte man sich kennen und es entstanden Freundschaften. So ergab es sich auch, dass ich mit der Bäckersfrau aus dem 10. Stock befreundet war. Nein, nicht wegen Brot und Brötchen, die man sich ja für 75 und 5 Pfennig wirklich leisten konnte. Sondern wegen der Schlagsahne, denn ein Viertelliter kostete 3,75 Mark. Die Bäckerin arbeitete in einem großen Backwarenkombinat und dort wurden auch Torten hergestellt. Und wenn diese im normalen Laden mal etwas kalorienärmer angeboten wurden, war das sicherlich zu mindestens aus gesundheitlicher Sicht gut. Dafür hatten wir aber immer reichlich Sahne zu Hause.

Mein erstes Auto

Das war zwar ein Trabant, aber ich sage trotzdem Auto dazu. Er hat seinen Zweck gut und zuverlässig erfüllt und mich überall hingebracht. Sicherlich hat jeder schon einmal gehört, dass man in der DDR über zwölf Jahre auf einen Neuwagen warten musste. Aber natürlich nicht als cleverer Handwerker. In früheren Jahren hieß es einmal: Handwerk hat goldenen Boden. Das war auch in der DDR so. Als Feierabendarbeiter hab ich mir das Auto erarbeitet. Ausgestattet mit einer im Betrieb vorhandenen westlichen Ridgid-Gewindeschneidmaschine und vielen Metern verzinktem Rohr aus Betriebsbeständen, war es ein leichtes, eine Kleingartenkolonie an das öffentliche Wassernetz anzuschließen. Auch heute gilt ja manchmal noch: gute Arbeit hat ihren Preis. Und so habe ich dann die erhaltenen 2500 Westmark gegen einen neuen Trabbi getauscht. Übrigens fällt mir dabei ein, das wir heute wieder den gleichen Benzinpreis haben: ein Liter kostete und kostet 1,50.

Nicht unerwähnt bleiben sollte auch die Miete für unsere 99 Quadratmeter große Neubauwohnung im 10. Stock. Die kostete inklusive Nebenkosten und Heizung 180 Ostmark. Mit meinem Nettolohn als Schichtarbeiter von 1800 Ostmark, plus das Einkommen meiner Frau als Ingenieurin, ging es uns in der Deutschen Demokratischen Republik recht gut.

Damit soll dieses kleine Geschichtsbüchlein enden. Ich hoffe, das Lesen hat Spaß gemacht und neue Einblicke in den DDR-Alltag gebracht.